Traverso

Ouvrage publié avec l'aide du Fonds national
de la littérature (Belgique)

Véronique Wautier

Traverso

peintures

Alain Dulac

L'herbe
qui
tremble

Le souffle du courant
comme un appel,
et le cœur humain tremblant répond.
Je suis en place, répond le cœur. Je suis là.

Tarjei Vesaas, *Vie auprès du courant**

** Les astérisques renvoient aux notes page 101*

175
Saint Sacremen
et
mand ca- bi-tis pa- nem
ca- bi-be- tis,
do- nec ve-
ca- ve-
ca-licem
et sangui Do- mini. Al-
est Do-minus tec-tor et
ti-tu- dinem me fe-
lu- it me. ligam te,
Domine, me- a : Do- me-

ne deviens pas tout à fait le silence
garde une trouée
tu t'absenterais même de la perte
s'il n'y avait ces cris
martelés
sur ta bouche

bleu mais encore ?
j'essaie d'écrire aussi simplement qu'un matin de juin
pour glisser l'accord dans les failles
du bleu

ce qu'on ne peut est silencieux
va pour le silence
non, chantent les oiseaux

j'ai faim mais c'est imprononçable

une cloche douce se met à sonner

tout ce que le silence a perdu
tout ce que le silence a sauvé

je ne trouve pas les mots pour le dire
mais je chercherai encore
sinon l'on meurt

j'aime le sourire des passants
jetés brefs dans la circulation de nos peurs
et sur les toits nos joies

mets la mort à la mer
doucement

plie-la en quatre
et pose-la
sur le sentiment de l'eau

tu as peur
elle ne sait rien
mets la mort à la mer
doucement

toutes petites choses sans leur nom
qui ne connaissent pas le chemin de la faim

tendresses inemployées
petits miracles qui craquent
sous les pas

qu'est-ce qu'être poète, Ossip Mandelstam ? *

baies rouges désaffectées
cabanes d'insectes dans la haie

où sont les mots rares
piécettes, cordages, coquillages brisés
où sont les mots justes ?

nul cœur n'est arraché
semble dire la lumière

j’ai entendu une pomme tomber
elle va se dissoudre
dans une pomme plus grande

des mots traversent tout seuls le danger
d’autres sont sans rameurs

mais ici
dans le premier cercle
on fait du feu
autour des vents hurleurs

tinte soudain
cristalline
tinte la perte
impalpable
seul un enfant fait ce son-là

la vie a bougé sur son socle
la douleur ne ressemble pas à ses rives
ce poème je n'y arriverai jamais

je l'ai seulement entendu
j'ai entendu
une flûte trouvée
sur le rivage

j'attends
est-ce la fin de l'attente qu'on attend
pour balayer la carte et le territoire ?

j'attends
pour ne rien perdre du silence
comme si très doucement la perte et le pain
revenaient dans ma main

j'attends plus vive que le vide
car chaque instant
est une grappe du temps

qui est encore là dans l'absence ?
mais la douleur est-elle habitable ?
mais cette douleur est inhabitable

et les gens transportent sur leur dos
les cailloux d'une maison

des cailloux noirs et lumineux
des sosies d'une très vieille
comptine

un tout petit bégaiement d'oiseau
surprend la marche
dans la pluie rauque

loin des grands mots pansus

la nuit se détache lentement du continent

le petit gel blanc joue avec la vie
qu'il fait ce matin

appel des choucas
peut-être aussi des tourterelles
d'autres inconnus criaillent doucement
tout le monde dans l'étendue

fasse que le silence m'aime encore
je lui rapporte ces quelques mots :
ancolies, pervenches, anémones et la guerre
qu'il ne connaissait pas

on remettrait la langue au début de ses larmes
il y aurait de l'eau

la cloche envoie dans la vallée
un très vieux son perdu
dans ses pensées

très doux   très lent
millénaire

c'est le matin mais j'imagine
une fin attentive
à ce commencement

parler / bruire
derrière la porte du noir
la langue s'éprend

parler / bruire
doucement se balance
la belle amour

pour l'enfant dans l'abri
les mots ne savent pas
ils tintent

pour l'enfant dans la peur
aussi

écoute
toutes les phrases sont envahies par le doute
tout est simple et long comme un fruit

la brume descend
très douce et blanche
il n'y a pas de danger

on suit la courbe on la touche
très lentement
on se rappelle ce que c'est qu'être doux
même dans les paysages dévastés

que la brume parfois recouvre
douce et blanche

les belles choses rieuses
familières

je regarde et j'écris seulement
le besoin de les écrire

mais pas elles
comment écrire le rire ?

parfois un poème ne me quitte pas
il est juché sur mon épaule
toute la journée
dès qu'il peut marcher je le pose
dans son étendue

les mots se plaisent dans la langue
on parle aussi quand on entend

qu'est-ce qu'un poème ?
un vivant qui franchit la fatigue

qui parfois crie *pomme*
à la pomme
qui en rit

et *fleur*
à ce qui est obstinément assis
dans le mot fleur

les mots se blessent dans la langue
et dans son insensé silence
mâchoire hache

il n'y a qu'un recours
c'est la forêt profonde
où tout croît

ces racines, ces branches difficiles
ces méconnaissances dans les fourrés
ces galops de petits animaux

demain j'écrirai un poème
qui capte le signal

en attendant j'écoute
un silence réfugié

il fait si froid disent les inventeurs du feu
il fait un horizon qui dort longtemps

nous sommes assis près d'un grand pot
d'allumettes et de bois

et tant d'autres dehors
dont la vie insiste pour revenir

il n'y a plus personne autour du feu
et pourtant nous ne sommes pas arrivés

le corps invente en secret la maison de tous

je marche à l'intérieur d'un poème oublié

tant de bouches et nous nous contentons
de ne pas écouter

les yeux fermés je marche
à l'intérieur
d'un poème écorché

la neige capture le bruit de l'eau

tout doucement fait-elle
comme si elle savait

se taire est un incendie
un muet qui acquiesce
dans les feux de la neige

pagaille d'oiseaux
tournoie tout cela qui emporte les quais

comme si l'on était l'assise et le voyage
la barque et le passager

l'âpreté, la perte et
dans le vol exact
son obstiné contraire

il faut mettre la fin avant le début
je ne sais pas d'où vient ceci
je l'entends je l'écris

c'est une faille
dans le système
de l'hiver

il faut mettre le début après la fin
dans toutes les mains qui se balancent
une invention ne s'épuise jamais

mais toi
qui n’as que deux trois mots
dans ta main ce matin

avant qu’ils ne s’épuisent
tu les laisses repartir
dans le moment venu

ils ont écrit :
la poésie est une poche trouée

il pleut
la mer se retire du paysage
dans une barque retournée

la poésie vaut-elle la peine ?
comme si la mer se retirait

comme c’est pompeux comme c’est loin
d’un chagrin singulier

on rentre les épaules
on rentre les mots
il pleut

fleurs posées sur la table
privées du dehors

comme des petites lampes endolories
comme toutes les inventions, peut-être
que nous mettons à l'intérieur

car nous sommes des obstinés chercheurs
de la présence
et de l'obstination

nous sommes des mots fragiles
dans des poèmes inachevés

nous sommes des ignorés
par des livres ignorants

nous sommes des tombés
qui se relèvent

c'est ce qui fait l'amour
murmure le radeau

il y a du feu
de la musique et des minutes habitées

ce que l'on sait
c'est que l'on dit dans un poème
la vie éparpillée

comme si la dire
nous donnait une place
auprès du feu

comme si   comme si
est une langue mutilée

d'immense cris qu'il faut traduire
traversent la paroi

tout est ici pourtant extrêmement silencieux

crier c'est la marée montante
écrire c'est autre chose
c'est le mouvement d'après

la neige tombe en toutes petites frayeurs

dans le cercle qui me protège
je fais du feu   je pense
au chant du lied malgré sa parole*
malgré la mort

je pense aux mains   aux choses
au point natal de la tendresse
s'installant dans les failles
nous mettant à jour
inlassablement

qu'ai-je à gagner ? qu'ai-je à perdre ?
un jour blanc et
dans la douce langue du lied noir
un voyage d'hiver
qui se dépose au coin du feu

il neige   le temps a disparu
ce qui voile dévoile un plus grand horizon

c'est peut-être à cela que servent la neige
et la disparition

à voir arriver de très loin
de toujours

le petit personnage des sentiments *

dans la grande salle avant le concert
ors et gens bruissant
haleines des moteurs

sur la marche je murmure
nous sommes des passagers

et puis un long long violon
oh que le chagrin n'explose*

la vérité est inquiète
selon Hegel
me disait hier ma fille

bien sûr pas tout à fait en ces termes
mais moi je les garde je le sais bien que
la vérité est inquiète comme nous

elle peut trouver dans nos mains
et même dans nos cœurs s'ils craquent
un pauvre refuge

car tout y est ouvert
et battu par les vents

sur la colline un immense soleil rouge
empoigne les passants

nous voilà dans le gong
et dans l'attente inattendue

dans tout ce qu'un immense soleil rouge
peut crier

en silence

la pluie était seulement réelle aujourd'hui
opaque
mais quelques mots vivants
*et l'arbre plus grand que la nuit**
traversent nos fables irrésolues

plus loin dans un livre m'attendait ce plus près :
Je suis en place, répond le cœur. Je suis là
quand je le lis j'entends
la parole familière dans la maison
secouée

alors dans un autre poème on poursuit:
le cœur peut trembler mais pas sa parole ?

c'est-à-dire qu'on est la question
et le poème avale la fable
avec tambours et flûtes et tremblements

j'aime marcher le long du bruit de la mer
bien plus fort que le mien

ou plutôt :
je jette mon petit bruit dans le sien

et nous cheminons
allégés de la preuve
bouches pleines
dans le grand bruit rond

j'aime aussi quand le vent fait la mer dans les arbres

la mer je la voyais
comme l'arrivée
mais elle est une nage

tout cela tient
dehors
sans frayeur et sans hâte

une lune dans la neige
l'autre lune dans le ciel
les arbres qui reviennent
d'une longue journée de froid

le monde tient
par lui-même il se tient
et nous tient

et l'on revient
d'une longue journée de soi

bonjour

sur le rebord d'une fenêtre
des jacinthes sonores
oscillent comme des ritournelles

comme des petits soldats qui reviennent
de la sale guerre de l'hiver

où sont les dessins   les ramures
de protection ?

où sont les loups dévorant les dessins
tout au bout   est-ce de l'eau ?

ni chaos ni source claire
seulement le balancement
du plus proche et du plus lointain

tu sors de la tempête
jusqu'à la barque
son ombre est tiède
et l'eau douce
est douce

se penchant faiblement sur l'herbe
même dans l'hiver impossible
on l'entend

c'est comme de la joie
et qui parfois se brise
mais l'oreille ne se fêle pas

quand je vois ton visage
je me dis qu'écrire
c'est tout simplement
garder la présence
un peu plus au milieu
de nous

Du !
Dein Mutter ist tot ! *
toi ta mère est morte

c'est écrit sur le brassard noir
cousu sur la manche
de l'anorak taille huit ans

toi !
même l'absence est absente
de ce continent

moi ma mère est morte
aucun enfant ne sait dire cela
c'est sans correspondance

seuls quelques poèmes le peuvent
a bocca chiusa
ma non troppo

qui chante à bouche fermée ?

qui restitue le nous ?
le chœur devient-il un enfant ?

ce cri
nul ne le crie mieux que lui

juste un oiseau traversant le jardin
l'ouvrant d'un léger coup de rame
maintenant le matin est permis

je voudrais dire comme Bobrowski
avec la même tendresse
puisque nous n'avons qu'elle :
mon petit animal de douleur *

depuis longtemps ce poème est en haleine
l'histoire noire des yeux noirs et
tout l'amour contenu par des petits doigts lents

pour elle ce poème
qui ne s'écrit pas

comme un trou dans la feuille
un lac

il y a des mots errants sur nos visages
des vases entiers qui retournent à la mer
et beaucoup
beaucoup de barques clandestines
à notre chevet

qu'est-ce qui tremble et ne tremble pas ?

une main démesurée

main ma main je la regarde
et je sais ce qu'elle peut et ce qu'elle ne peut pas

fragile
ce mot m'étreint

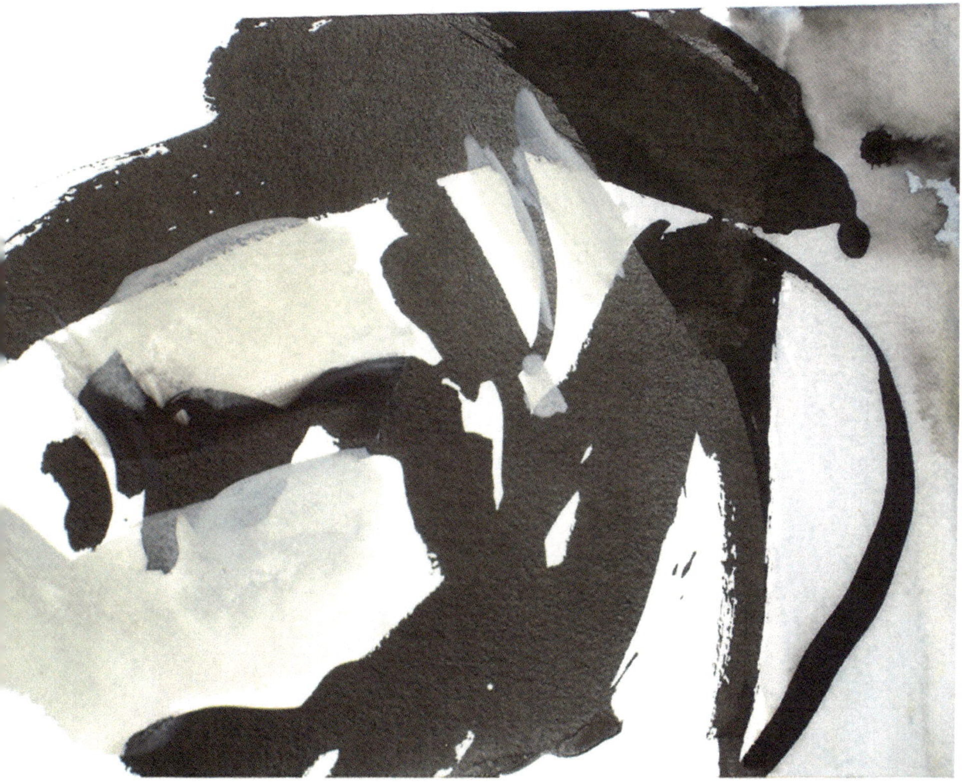

sous l'arbre de la nuit
plus besoin de parler

de l'autre côté
tous ces mondes dans le monde à franchir

la halte de la peur
la virevolte de la joie
les failles les retrouvailles
et les familles de larmes

tous les centres s'endorment au coin du soir

ce qui veille on ne peut
que le laisser veiller

faire silence, faire neige, faire le gros dos de l'hiver
de petits animaux sont couchés sous une couverture
aucune main vorace ne les mettra debout

aujourd'hui nous n'avons que des violoncelles
et des alertes dans le système central

et tout doucement dans la paille
de grands oiseaux s'envolent
de grandes mains blessées

cette journée qui s'ouvre
bientôt elle se refermera

les oiseaux chantent encore
avant de se disperser dans l'oblique :
il y a quelque chose de vrai
qui doit être voilé

dix doigts sur la vitre s'émeuvent
écrire comme amarrer
un instant le passage

être aveugle dedans
ami ?

comme la joie est simple
dans le bleu si noir de la nuit

je la laisse à notre chevet
qu'elle continue avec la lune
la danse immobile des berceaux

comme nous parlons mal de la joie

l'hiver
soudain fendu par la lumière

les chemins
dans un bras du temps

les embrassées de fleurs
jaunes oranges rouges
posées sur l'inquiétude

petit, la vie jubile
elle fait des bulles et des berceaux

reprenons à zéro
l'âge de la tendresse

les fleurs de cerisiers le courage des marées
remettent le monde en ordre
chaque jour
chaque jour

rose trémière contre pierre
c'est la rose qui gagne

tout l'été elle gagne
l'éternité est brûlée

les mots bourdonnent
de quoi parlent-ils

si l'on se tait tout à fait
on réussit l'absence

dans la grande cloche blessée
les mots bourdonnent

ce que j'entends c'est la lutte
ou si vous préférez l'abandon

il n’y a personne

en écho
une tendre main inusable
vieille comme le monde
sauve le monde
encore une fois

asphodèle
ce mot ressenti ce matin
s'installant dans les fluides

une fleur morte sans l'explication

ce qui nous fait pleurer c'est l'amour
pas besoin de mentir
les revenants ne reviennent jamais

la nuit de l'enfance revient parfois
jeter du verre brisé
asphodèle jette toutes ses forces
dans l'absence
puisque les fleurs sont des traits d'union

champ d'asphodèles sur les tombes vivaces
y a-t-il en langue vulgaire
un autre son de fleur ?

capucines, bleuets, campanules

violettes odorantes, pensées sauvages
pour que je me taise

dans une luminosité parfaite
deux oiseaux parallèles traversent le ciel bleu

ma fille m'a rapporté une immense tourelle
de l'Océan Indien
ouvrant aussitôt le grand paysage
de ma mère

car ma mère ramassait les petites tourelles
de la Mer du Nord
elle portait des pantalons à fleurs
le long de l'eau
elle me faisait écouter la mer

ma mère n'est jamais devenue une vieille indienne
mes filles portent des pantalons à fleurs
et je tremble parfois encore
dans le grand paysage
interrompu

j'étais assise à dix-huit heures
dans ma gorge serrée

j'ai levé les yeux et j'ai vu
l'heure bleue à la fenêtre

je n'ai pas pensé j'ai senti
l'exactitude de ce bleu outremer
outre jour outre nuit

j'étais à la fois disparue
et entièrement là
sans l'écartement

cette chance vibrait
oh, comment dit-on voir ?

plus rien ne hurlait à la porte
bleu !
disait si fort ce bleu

j'étais vivante et je voyais
la belle étrange
justesse de vivre

je fais le détour par un arbre
je m'assieds un peu près de lui
il pleut doucement sur la réalité
il pleut si doucement sur la lumière

la bouche s'ouvrira
comme une éternité de fleurs
comme une éternité de larmes

c'est le moment où le poème l'emporte
et de toutes ses forces
nous abandonne

des portes silencieuses entrent dans la maison
la nuit remonte tout un seau de colère

claque la mer contre la mer
vieilles paroles flottées

le noir finit par s'endormir
c'est un gros livre
fatigué

je perds mes pas souvent
mais ce sont des pas

car il y a une plus grande maison
commune
commune et aveugle

une maison en approche
de qui s'approcherait

une mauve en arbre
inemployée

l'aube est là
désarmée

avant la montagne de mots
un chant minuscule
arrive par la fenêtre
se dilate et fait
le cœur capable

parlando
à travers

le corps pour sauver les mots
les mots pour sauver le corps

dans les nids dans les failles déposer
notre part

plus quelques jonquilles
en dehors du système

en dehors des tenailles
du silence et du dire

en parlant
le poème un instant
trace l'eau

puis se jette dans la vieille mer immense

blotti dans les bras l'enfant sauve
la voix qui lui chante
ses premières maisons

qu'est-ce qu'aimer murmure la vie
qui pourtant sait

un archet noir
frotte très lentement
la joie et la douleur

sur le banc
vers le soir
la douce loyauté

dans le regard s’engouffrent
ciel et bleu
vols et trilles
tous les mots immobiles
d’avril

quelque chose brûle
sur les lèvres

ni ne sais ni ne vois
ne dis rien

c’est à l’aveugle :
fleur*

cette nuit je regardais l'étoile du matin
parfois les mots et les choses sont vraiment ce
[qu'il faut

j'étais là funambule sur le fil
qui va des mots aux choses
le soleil solitude n'était pas encore levé

cette nuit je regardais l'étoile du matin
mots et choses s'allumaient dans le noir
me faisaient une place

la lumière bougeait très doucement
de l'obscur vers le clair

un merle puis d'autres
dans notre espace immense
ont lancé l'histoire belle et inquiète
des visages

j'ai déposé les mots

pour écouter
pour tenir et abandonner

cette nuit je regardais l'étoile du matin
son nom sur le rivage

ouvrir noir
ne pas nommer
voir

les fleurs retiennent la terre entière
l'empêchent de tomber

je me souviens de demain
c'était une maison vide
mais je disais demain
je l'écrivais dans mes poèmes
ou peut-être ai-je arrêté d'écrire
je ne sais plus très bien

cette lumière entrée dans la pièce
soudain posée sur le mur

elle est comme si je te disais :
regarde la lumière

oh regarde
dire regarde
sinon que voit-on ?

petite chose cognée contre la vitre
un oiseau qui retourne à son vol
ne va pas dire que le monde a tremblé

pousse la porte et sors
tenant bien dans la poche
des séismes

ne le dis pas

entre la vie et la mort
ce cri infranchissable
je n'ai pas les moyens

pas les moyens de le franchir
de mentir un poème
de ce côté-là

ce n'est rien c'est juste le cœur
disons ça dans la pagaille
de la grande ramure
de l'impossible auquel il est tenu

je voudrais voir avec les mots

diluant le *je*
dans le bleu brumeux des collines
dans le bleu inquiétant
qu'un je inquiet parcourt

fragilement je voudrais voir
avec les bleus orageux
maintenus
dans un rouge sans tête

comment un paysage survit
à la nuit

tandis que des gens allument
au bas des collines
des petites lumières
qui guirlandent
sur le bord de la main

bleu songeur maintenant
sur le seuil
réparant
de si proches
si petites violettes

je voudrais voir le courage invisible du tableau

il faudrait d'autres moyens pour dire
ce rose débordé
que certains peintres osent
au milieu des tonnerres*

cet amour qui parfois tache leurs mains

brûlé
on change la fatigue d'épaule
on redevient un simple grain du bleu
un visage suppliant
du bleu
brûlant

qu'est-ce qui a commencé ?
voilà pourquoi je ne sais pas
où est la fin

les mots ne pleurent pas
ils sont les grands remplaçants

invisible nous rend le poème
protégé par la petite brique
des mots hauts

le sang pourtant
traverse la petite muraille splendide

et nous voici

papillons tremblent tremblent
ayez le dernier mot du blanc

ô murmures vivez
balancez votre histoire

il manque une phrase ou deux
l’eau se rue dans l’absence

dans la joie douce
du corps en l'eau
je nage d'où je viens

ici
n'a jamais été perdu

visage sous l'eau
écoute
un très vieux bruit
écoute ce que nous sommes

devenus ?

une fleur solitaire
dans cet été sans terres
livre combat

toutes les fleurs sont des paroles solitaires
et le miracle de l'ensemble

pente douce
j'aime ce mot
pour sa douceur inébranlable

qu'est-ce qui donne un visage
qui trébuche et qui croît ?

temps d'automne
une main se pose sur une main
qu'est-ce que le temps ?

apaiser la joie
chante un merle ce soir

c'est étrange mais
me voilà bien obligée de transcrire

et nous sortirons de la peine
avec un temps secret

ce qui est étrange aussi
sauf pour un merle

j'arrosais les fleurs ce matin
avant le grand soleil
je pensais au pain du déjeuner
et à la solitude des maisons pleines

je pensais que les maisons
sont sur un paquebot
et nous ne pouvons rien
qu'acquiescer
paqueboter

pourvu qu'en mer il y ait
de longs sillages de fleurs

pourvu qu'il y ait à bord
des larmes librement réunies

la lumière de la lune coule comme du lait
sur tout ce que l'on est
le mal et le meilleur

tendresse identifiée
dans un silence inoubliable

tendresse réparée
dans ce silence qui nous enrobe

ô la robe de la lune

et le courage d'avoir peur

promenade avec un petit
jusqu'au gros camion pelleteuse
aux yeux rouges clignotant

en passant par les framboises
en revenant par les noisettes

il tient avec sérieux une fleur du chemin
la jette avec sérieux un peu plus loin

long arrêt auprès de la petite rivière
qui se jette bruyamment dans l'eau

il tend la main vers son oreille
pour que nous écoutions ensemble

nous sommes deux
nous apprenons
le début de la langue des plaisirs

les mots sont des mains comme les autres
au fur et à mesure

pour prendre part à l'inconnu
ils sont autre chose encore
mais je ne le sais pas
ils sont nos plus proches inconnus

les plus proches n'aiment pas les cris
ils préfèrent les bouches douces qu'ils écrivent
dans les alvéoles du silence

silence avant le jour
présence avant le jour

la nuit n'était pas seule
la nuit était seule
me comprenne qui pourra

soudain une pluie de choucas
quittant leur arbre

le bruit du vol
comme un arbre
plus haut que la nuit

on peut être brûlé par les mots
l'impossible justesse
ou leur possible indifférence

et le silence craqué dans la bouche

les mots qu'on aime
depuis le début
les prononcer
vers la parole

dire regarde
une petite lumière

la poésie est une poche trouée

Notes

7. Tarjei Vesaas, *Vie auprès du courant*, traduction du nynorsk par Céline Romand-Monnier, Éditions La Barque, 2016.
15. « Mourir et puis sauter sur son cheval ». Ossip Mandelstam , poème de Voronej, juin 1937.
38. Franz Schubert, *Die Winterreise*
39. « Sans voile aux portes du songe/ un œil solitaire livre combat./ Ce qui arrive chaque jour,/ il n'en veut savoir plus :/ à la fenêtre sur l'est/ lui paraît cheminant/ le petit personnage des sentiments. » Paul Celan, *Pavot et mémoire.*
40. Anvers, octobre 2017, *Concerto pour violon et orchestre n°1, op. 77*, de Chostakovitch avec le soliste Serguey Khachatryan.
43. « L'arbre/ plus grand que la nuit », Johannes Bobrowski, *Ce qui vit encore*, Éditions Orphée la Différence, 1993.
50. *Wozzeck*, un opéra d'Alban Berg.
52. « ... mon petit animal de douleur, pars. » J. Bobrowski, *Dans les halliers du vent*, traduit de l'allemand par Jean-

Claude Schneider, Atelier La Feugraie Éditions, 1999.
76. « Fleur – un mot d'aveugle », Paul Celan, *Grille de parole.*
86. Nicolas de Staël en Provence, exposition à Aix-en-Provence, Hôtel de Caumont, juin 2018.

PEINTURES ALAIN DULAC

Couverture, pages 9, 33, 55, 63, 87 : encre de Chine, acrylique, crayon sur papier.

Véronique Wautier a publié

À l'herbe qui tremble

Continuo, peintures d'Anne Slacik, 2017

Chez d'autres éditeurs

Dans la foulée si courte des étoiles, Librairie-Galerie Racine, 1998.

Douce la densité du bleu, L'Arbre à paroles, 2002

Chacun de nous est une foule, Le Coudrier, 2004

Tout est jardin, L'Arbre à paroles, 2004

Une petite fable rouge, L'Arbre à paroles, 2006

Le jour aux ignorants, illustrations de Godelieve Vandamme, Éranthis Éditions, 2010

Là où sont les oiseaux, illustrations de Pierre Mainguet, Le Coudrier, 2013

Cabaner chavirer, illustrations de Godelieve Vandamme, Eranthis, Louvain-la-Neuve, 2016

Dans nos mains silencieuses, dessins Pierre Tréfois, Éranthis éditions, 2018

Dernières parutions

• Baglin Michel, *L'obscur vertige des vivants*, présentation de Max Alhau, postface de Marie Rouanet

• Bayo Gérard, *Traversant l'aube*

• Clancier Sylvestre, *Le Discobole du futur*, monotypes de André-Pierre Arnal

• Dhainaut Pierre, *Après*, aquarelles de Caroline François-Rubino

Transferts de souffles, premières approches, 1960 - 1979, suivi de *Perpétuelle, la bienvenue*. Avec une lecture d'Isabelle Lévesque

• Dujin Anne, *L'ombre des heures*, peintures de Renaud Allirand

• Fabre G. Sylvie, *Pays perdu d'avance*, peintures de Fabrice Rebeyrolle

• Faugeras Laurent, *Les joues mordues*, monotypes de André-Pierre Arnal

• Lévesque Isabelle, *Chemin des centaurées*, peintures de Fabrice Rebeyrolle

• Marchal Béatrice, *Au pied de la cascade*, encres de Jean-Marc Brunet

• Monginot Christian, *Le radeau d'Ulysse*, dessins de Denis Pouppeville

• Rognet Richard, *La jambe coupée d'Arthur Rimbaud*

Collection D'autre part

• Daine Véronique, *Amoureusement la gueule*, peintures d'Anne Marie Finné

Collection Trait d'union

• *Richard Rognet, permanence de l'approche*, sous la direction de Christine Dupouy, actes de la journée d'octobre 2017 à l'Université de Tours, suivi de *En chaque aspect du monde*, 15 poèmes inédits de Richard Rognet

• Despax Jean-Luc, *Denis Pouppeville : la Joie des profondeurs*

• Doms André, *Écrits du voyage : Italiques, Balkaniques, Ibériques*

• Garnier Ilse & Pierre et Carlfriedrich Claus, *Une amitié de lettres*, correspondance 1963 - 1998, sous la direction de Violette Garnier

• Marchal Béatrice, *Richard Rognet ou « l'ailleurs qui veut vivre »*, suivi de

Richard Rognet, *Lutteur sans triomphe*

Traverso
de Véronique Wautier
avec des peintures d'Alain Dulac

a été achevé d'imprimer chez Printhaus
à l'automne 2019

Éditions L'herbe qui tremble
25 rue Pradier - 75019 Paris
editions@lherbequitremble.fr
www.lherbequitremble.fr
www.lherbequitremble.com

ISBN 978-2-918220-88-6
dépôt légal 4ème trimestre 2019

Imprimé en Europe